L'espérance est une
lumière dans la nuit

CHEZ LE MÊME ÉDITEUR

À la jeunesse, 2016.

De la tendresse, 2017.

De la compassion, 2019.

Louée soit la lecture, 2024.

La foi est un voyage, 2025.

Prières à Marie, 2025.

Pape François

L'espérance est une lumière dans la nuit

MÉDITATIONS SUR LA VERTU D'HUMILITÉ

ÉQUATEURS

TITRE ORIGINAL :

La Speranza è una luce nella notte
Meditazioni sulla virtù umile.

ISBN : 978-2-3828-4915-6.

Dépôt légal : novembre 2025.

170 *bis*, boulevard du Montparnasse, 75014 Paris.
editions-des-equateurs@orange.fr
www.editionsdesequateurs.fr

Sommaire

Note de la Libreria Editrice Vaticana

Le thème de l'espérance, que le pape François a maintes fois abordé, en faisant même l'objet d'une longue catéchèse, permet de réfléchir à ce qu'il définit comme « une vertu humble, mineure, et pourtant fondamentale ».

Cette brève anthologie, qui s'inspire d'un poème de Charles Péguy, commence par une méditation sur Noël et la crèche, avant de s'attarder sur l'acédie tant redoutée par les moines, sur une relecture de l'épisode de la boîte de Pandore, sur l'impuissance des idoles et l'inefficacité des faux prophètes.

L'espérance, lorsqu'elle est chrétienne, est d'un autre ordre et se nourrit de la prière et des choix quotidiens, de l'exemple de Marie au pied de la croix, de la force des saints et des martyrs. Car cultiver l'espérance, c'est ne pas céder à la nuit, ne pas se contenter des paroles de consolation éculées, préférer le printemps à l'automne – comme le dit poétiquement le pape – et rendre toutes choses nouvelles.

Les titres des chapitres sont de l'éditeur. La sélection des textes est de Roberto Alessandrini.

Introduction

Le Jubilé 2025, année sainte que j'ai voulu consacrer au thème « Pèlerins d'espérance », est une belle occasion de réfléchir sur l'espérance, cette vertu chrétienne à la fois fondamentale et décisive. Cela est d'autant plus nécessaire à notre époque, où une troisième guerre mondiale morcelée se déroule sous nos yeux et a tendance à nous conduire à adopter des attitudes d'abattement morose et de cynisme mal dissimulé.

L'espérance est à la fois un don et une tâche pour chaque chrétien. C'est un don car c'est Dieu qui nous l'offre. Espérer n'est pas un simple acte d'optimisme, comme lorsque nous espérons parfois réussir un examen à l'université (« Espérons que j'aurai une bonne note ») ou qu'il fera beau pour notre excursion à la campagne, un dimanche de printemps (« Espérons qu'il ne pleuvra pas »). Non, espérer, c'est attendre quelque chose qui nous a déjà été donné : le salut dans l'amour éternel et infini de Dieu. Cet amour, ce salut, donne un sens à notre vie et constitue le pilier sur lequel le monde continue de tenir, malgré tout le mal et les atrocités causées par nos péchés d'hommes et de femmes. Espérer, donc, c'est accueillir ce cadeau que Dieu nous offre chaque jour. Espérer, c'est goûter à la merveille d'être aimés, recherchés, désirés par un Dieu qui ne s'est pas enfermé dans ses cieux impénétrables, mais qui s'est fait chair et sang, est entré dans notre histoire et notre temporalité pour partager notre sort.

L'espérance est aussi une tâche ; les chrétiens ont le devoir de la cultiver et de la mettre à profit pour le bien de tous leurs frères et sœurs. Cette mission consiste à rester fidèles au don reçu, comme le soulignait à juste titre Madeleine Delbrêl, Française du XXe siècle qui a su porter l'Évangile dans les périphéries, géographiques et existentielles, du Paris du milieu du siècle dernier, marqué par la déchristianisation. Madeleine Delbrêl écrivait : « L'espérance chrétienne nous donne comme place cette étroite ligne de crête, cette frontière où notre vocation exige que nous choisissions, chaque jour et à chaque heure, d'être fidèles à la fidélité de Dieu pour nous. » Dieu nous est fidèle, notre tâche est de répondre à cette fidélité. Mais attention : cette fidélité, ce n'est pas nous qui l'engendrons, c'est un don de Dieu qui agit en nous si nous nous laissons modeler par sa puissance d'amour, c'est l'Esprit Saint qui agit comme un souffle d'inspiration dans nos cœurs. Il nous appartient donc d'invoquer ce don : « Seigneur, accorde-moi de t'être fidèle dans l'espérance. »

J'ai dit que l'espérance est un don de Dieu et une tâche pour les chrétiens. Et vivre l'espérance exige une « mystique des yeux ouverts », comme l'appelait le grand théologien Jean-Baptiste Metz : savoir discerner partout les preuves de l'espérance, l'irruption du possible dans l'impossible, la grâce là où il semblerait que le péché ait érodé toute confiance. Il y a quelque temps, j'ai eu l'occasion de dialoguer avec deux témoins exceptionnels de l'espérance, deux pères : l'un israélien, Rami ; l'autre palestinien, Bassam. Tous deux ont perdu leur fille dans le conflit qui ensanglante la Terre sainte depuis de trop nombreuses décennies. Pourtant, au nom de leur douleur, de la souffrance ressentie à la mort des deux petites filles – Smadar et Abir –, ils sont devenus amis, voire des frères : ils vivent le pardon et la réconciliation comme un geste concret, prophétique et authentique. Leur rencontre m'a apporté beaucoup, beaucoup d'espoir.

Leur amitié et leur fraternité m'ont appris que la haine, concrètement, peut ne pas avoir le dernier mot. La réconciliation qu'ils vivent individuellement, prophétie d'une réconciliation plus large et plus vaste, est un signe invincible d'espérance. Et l'espérance nous ouvre à des horizons impensables.

J'invite chaque lecteur de ce texte à faire un geste simple mais concret : le soir, avant de vous coucher, en repassant les événements que vous avez vécus et les rencontres que vous avez faites, partez à la recherche d'un signe d'espérance dans la journée qui vient de s'écouler. Un sourire que l'on n'attendait pas, un acte de gratuité observé à l'école, une gentillesse rencontrée sur le lieu de travail, un geste d'aide, même minime : l'espérance est bien une « vertu d'enfant », comme l'a écrit Charles Péguy. Et nous devons redevenir des enfants, avec leur regard émerveillé sur le monde, pour la rencontrer, la connaître et l'apprécier. Entraînons-nous à reconnaître l'espérance. Nous pourrons alors nous émerveiller du bien qui existe dans le monde. Et notre cœur s'illuminera d'espérance. Nous pourrons alors être des phares de l'avenir pour ceux qui nous entourent.

François.

Cité du Vatican, 2 octobre 2024.

La « petite » espérance

Le poète français Charles Péguy, au début de son poème sur l'espérance, parle des trois vertus théologales – la foi, l'espérance et la charité – comme de trois sœurs qui marchent ensemble : « La petite espérance s'avance entre ses deux grandes sœurs et on ne prend pas seulement garde à elle. [...] C'est elle, cette petite, qui entraîne tout. Car la Foi ne voit que ce qui est. Et elle, elle voit ce qui sera. La Charité n'aime que ce qui est. Et elle, elle aime ce qui sera. [...] En réalité, c'est elle qui fait marcher les deux autres. Et qui les traîne. Et qui fait marcher tout le monde[1]. »

1. Charles Péguy, *Le Porche du mystère de la deuxième vertu*, 1911-1912.

Je suis moi aussi convaincu de ce caractère humble, « petit », et pourtant fondamental de l'espérance. Pensez-y : comment pourrions-nous vivre sans espérance ? À quoi ressembleraient nos journées ? L'espérance est le sel du quotidien.

Message pour la 38e Journée mondiale de la jeunesse, 26 novembre 2023.

Mon cœur est-il un tiroir ouvert ?

Lorsque nous parlons d'espérance, nous nous référons souvent à ce qui n'est pas du ressort de l'homme, à ce qui n'est pas visible. Mais la naissance du Christ, qui inaugure la rédemption, nous parle d'une autre espérance, une espérance fiable, visible et compréhensible, parce qu'elle est fondée en Dieu. Il entre dans le monde et nous donne la force de marcher avec lui : Dieu marche avec nous en Jésus, et marcher avec lui vers la plénitude de la vie nous donne la force de vivre différemment le présent, même s'il peut être difficile.

Espérer signifie alors pour le chrétien la certitude d'être en chemin avec le Christ vers le Père qui nous attend. L'espérance n'est jamais immobile, l'espérance est toujours en chemin et nous fait avancer. Cette espérance, donnée par l'Enfant de Bethléem, offre un but, un destin prometteur auquel s'accrocher, le salut à l'humanité et la béatitude à qui se confie à Dieu miséricordieux.

Saint Paul résume tout cela par la phrase : « Car notre salut est objet d'espérance » (*Rm* 8, 24). C'est-à-dire qu'en marchant dans ce monde, avec espérance, nous sommes sauvés. Et, ici, chacun de nous peut se questionner : est-ce que je marche avec espérance ou bien ma vie intérieure est-elle immobile, fermée ? Mon cœur est-il un tiroir fermé ou un tiroir ouvert à l'espérance, qui ne me fait pas marcher seul, mais avec Jésus ?

Audience générale, salle Paul-VI,
21 décembre 2016.

La crèche transmet l'espérance

Dans les maisons des chrétiens, pendant le temps de l'Avent, on prépare la *crèche*, selon la tradition qui remonte à saint François d'Assise. Dans sa simplicité, la crèche transmet l'espérance; chacun des personnages est plongé dans cette atmosphère.

Remarquons tout d'abord le lieu où Jésus est né: *Bethléem*. Un petit village de Judée où mille ans auparavant était né David, le berger choisi par Dieu comme roi d'Israël. Bethléem n'est pas une capitale, c'est pourquoi elle est préférée par la providence divine qui aime agir à travers les petits et les humbles. Dans ce lieu naît le « fils de David » tant attendu, Jésus, en qui l'espérance de Dieu et l'espérance de l'homme se rejoignent.

Regardons ensuite Marie, Mère de l'espérance. Par son « oui », elle a ouvert à Dieu la porte de notre monde : son cœur était rempli d'espérance, jeune fille entièrement animée par la foi ; et c'est pour cela que Dieu l'a choisie et qu'elle a cru à sa parole. Celle qui pendant neuf mois a été l'arche de l'Alliance nouvelle et éternelle, contemple l'Enfant dans l'étable et voit en lui l'amour de Dieu, qui vient sauver son peuple et toute l'humanité.

À côté de Marie se trouve Joseph, descendant de Jessé et de David ; lui aussi a cru aux paroles de l'ange et, en regardant Jésus dans la mangeoire, il médite le fait que cet Enfant vient de l'Esprit Saint et que Dieu lui-même lui a ordonné de l'appeler ainsi, « Jésus ». Dans ce nom se trouve l'espérance pour tout homme, car à travers ce fils d'une femme, Dieu sauvera l'humanité de la mort et du péché. C'est pourquoi il est important de regarder la crèche !

Et dans la crèche il y a aussi les *bergers*, qui représentent les humbles et les pauvres qui attendaient le Messie, la « consolation d'Israël » (*Lc* 2, 25) et la « délivrance de Jérusalem » (*Lc* 2, 38). Dans cet Enfant, ils voient l'accomplissement des promesses et espèrent que le salut de Dieu viendra finalement à chacun d'eux. Ceux qui se confient dans leur propre sécurité, surtout matérielle, n'attendent pas le salut de Dieu. Mettons-nous bien cela dans la tête : notre sécurité ne nous sauvera pas ; la seule sécurité qui nous sauve est celle de l'espérance en Dieu.

Il nous sauve parce qu'Il est fort et nous fait marcher dans la vie avec joie, avec la volonté de faire le bien et l'envie d'être heureux pour l'éternité. Les petits, les bergers, s'en remettent à Dieu, ils espèrent en Lui et se réjouissent quand ils reconnaissent dans cet Enfant le signe indiqué par les anges (cf. *Lc* 2, 12).

Et c'est précisément *le chœur des anges* qui proclame d'en haut le grand dessein que cet Enfant réalise : « Gloire à Dieu au plus haut des cieux et sur la terre paix aux hommes objets de sa complaisance » (*Lc* 2, 14). L'espérance chrétienne s'exprime dans la louange et dans l'action de grâce à Dieu, qui a inauguré son Royaume d'amour, de justice et de paix.

Audience générale, salle Paul-VI,
21 décembre 2016.

Les démons de midi

L'espérance n'est pas une vertu pour des gens qui ont l'estomac plein. Voilà pourquoi, depuis toujours, les pauvres sont les premiers porteurs de l'espérance. En ce sens, nous pouvons dire que les pauvres, même les mendiants, sont les protagonistes de l'histoire. Pour entrer dans le monde, Dieu a eu besoin d'eux : de Joseph et de Marie, des bergers de Bethléem. Dans la nuit du premier Noël, il y avait un monde qui dormait, confortablement installé dans tant de certitudes acquises. Mais les humbles préparaient en cachette la révolution de la bonté. Ils étaient pauvres de tout – certains étaient à peine au-dessus du seuil de la survie –, mais ils étaient riches du bien le plus précieux au monde, c'est-à-dire la volonté de changement.

Parfois, avoir tout eu de la vie est un malheur. Pensez à un jeune auquel on n'a pas enseigné les vertus de l'attente et de la patience, qui n'a pas eu à suer pour quoi que ce soit, qui a brûlé les étapes et qui, à vingt ans, « sait déjà comment fonctionne le monde » ; il a été destiné à la pire peine : celle de ne plus rien désirer. Voilà la pire condamnation. Fermer la porte aux désirs, aux rêves. Il a tout l'air d'un jeune homme, mais l'automne est déjà tombé sur son cœur. C'est la jeunesse de l'automne.

Avoir une âme vide est le pire obstacle à l'espérance. C'est un risque dont personne ne peut se déclarer exempt ; parce qu'il peut arriver d'être tenté de délaisser l'espérance même en marchant sur le chemin de la vie chrétienne. Les moines de l'antiquité avaient dénoncé l'un des pires ennemis de la ferveur. Ils l'appelaient le « démon de midi », qui vient épuiser une vie d'efforts, alors que le soleil brûle tout en haut. Cette tentation nous surprend au moment où nous nous y attendons le moins : les journées deviennent monotones et ennuyeuses, plus rien de bon ne semble mériter d'effort. Cette attitude s'appelle la *paresse*. Elle érode la vie de l'intérieur jusqu'à ce qu'elle ne soit plus qu'une coquille vide.

Lorsque cela se produit, le chrétien sait qu'il doit combattre cet état, et non l'accepter passivement. Dieu nous a créés pour la joie et le bonheur, et non pour nous complaire dans des pensées mélancoliques.

Audience générale, place Saint-Pierre, 27 septembre 2017.

La boîte de Pandore

Comme toute bonne chose en ce monde, l'espérance a ses ennemis.

Et il m'est venu à l'esprit l'antique mythe du vase de Pandore : l'ouverture de la boîte entraîne de nombreux malheurs dans l'histoire du monde. Mais peu de gens se souviennent de la dernière partie de l'histoire, qui apporte une lueur d'espoir : après que tous les maux sont sortis de la boîte, un minuscule don semble prendre sa revanche sur tout ce mal qui se répand. Pandore, la femme qui devait conserver la boîte, l'aperçoit tout au fond : les Grecs l'appellent *elpìs*, ce qui signifie *espérance*.

Ce mythe nous explique pourquoi l'espérance est si importante pour l'humanité. Il n'est pas vrai que « tant qu'il y a de la vie il y a de l'espoir », contrairement à ce qu'on a l'habitude de dire. Ce serait plutôt le contraire : c'est l'espérance qui soutient la vie, qui la protège, qui la conserve et la fait grandir. Si les hommes n'avaient pas cultivé l'espérance, s'ils ne s'étaient pas accrochés à cette vertu, ils ne seraient jamais sortis des cavernes, et n'auraient pas laissé de trace dans l'histoire du monde. C'est ce qui peut exister de plus divin dans le cœur de l'homme.

Charles Péguy, nous a laissé de magnifiques pages sur l'espérance (*Le Porche du mystère de la deuxième vertu*). Il dit de façon poétique que Dieu n'est pas tellement surpris par la foi des hommes, ni même par leur charité, mais que ce qui le remplit véritablement d'émerveillement et d'émotion est leur espérance : « Que ces pauvres enfants, écrit Péguy, voient comme ça se passe aujourd'hui et qu'ils croient que ça ira mieux demain matin. » L'image du poète rappelle les visages de tant de gens qui sont passés dans ce monde – paysans, travailleurs pauvres, migrants à la recherche d'un avenir meilleur – qui ont lutté de façon tenace malgré l'amertume d'un aujourd'hui difficile, rempli de tant d'épreuves, mais qui étaient animés par la conviction que leurs enfants auraient une vie plus juste et plus sereine. Ils se sont battus pour leurs enfants, ils ont lutté dans l'espérance.

L'espérance est l'élan du cœur de celui qui quitte sa maison, sa terre, parfois sa famille et ses amis – je pense aux migrants –, pour chercher une vie meilleure, plus digne pour lui et pour ses proches. Et c'est aussi l'élan du cœur de celui qui accueille : le désir de se rencontrer, de se connaître, de dialoguer... L'espérance est la poussée à « partager le voyage », parce que le voyage se fait à deux : ceux qui viennent sur notre terre, et nous qui allons vers leur cœur, pour les comprendre, pour assimiler leur culture, leur langue.

Audience générale, place Saint-Pierre, 27 septembre 2017.

L'impuissance des idoles

Espérer est un besoin primaire de l'homme : espérer en l'avenir, croire en la vie, ce que l'on appelle la « pensée positive »… Mais il est important que cette espérance repose sur ce qui peut vraiment aider à vivre et à donner un sens à notre existence.

C'est pour cela que les Saintes Écritures nous mettent en garde contre les *fausses espérances* que le monde nous présente, en exposant leur futilité et inutilité. Elles le font de diverses façons, mais surtout en dénonçant les fausses *idoles* dans lesquelles l'homme est constamment tenté de placer sa confiance, en en faisant l'objet de son espérance.

Les prophètes et les sages insistent particulièrement sur ce point, aspect crucial du cheminement de foi du croyant. Car la foi, c'est faire confiance à Dieu – celui qui a la foi se fie à Dieu –, mais vient le moment où, confronté aux difficultés de la vie, l'homme fait l'expérience de la fragilité de cette confiance et ressent le besoin de certitudes différentes, de sécurités tangibles, concrètes. Je m'en remets à Dieu, mais la situation est un peu difficile et j'ai besoin d'une certitude un peu plus concrète. Et c'est là que réside le danger ! Nous sommes alors tentés de chercher des consolations, même éphémères, qui semblent combler le vide de la solitude et atténuer la difficulté de croire. Et nous pensons pouvoir les trouver dans la sécurité que peut procurer l'argent, les alliances avec les puissants, la mondanité et les fausses idéologies.

Parfois, nous les cherchons dans un dieu qui, nous pensons, va se plier à nos requêtes et intervenir comme par magie pour changer la réalité et la rendre telle que nous la voulons ; une idole, justement, qui, en tant que telle, ne peut rien faire, impuissante et mensongère.

Audience générale, salle Paul-VI,
11 janvier 2017.

Les faux voyants

Un jour, à Buenos Aires, je devais me rendre d'une église à une autre qui se trouvait à environ mille mètres. J'ai fait le chemin à pied. Entre les deux églises se trouve un parc et, dans ce parc, il y avait beaucoup, beaucoup, de petites tables, auxquelles étaient assis des voyants. Autour d'eux une foule, il y avait même la queue. Vous leur donniez votre main et ils commençaient, mais le discours était toujours le même : il y a une femme dans votre vie, il y a une ombre qui plane, mais tout ira bien… Et puis, vous payiez.

Et cela vous rassure ? C'est la sécurité – pardonnez-moi le terme – de la stupidité. Consulter un diseur de bonne aventure ou une voyante qui lit les cartes : c'est une idole ! Et quand nous y sommes trop enclins à ces pratiques, nous achetons de faux espoirs. Alors que parfois, nous ne faisons pas tant confiance à l'espoir gratuit que Jésus-Christ nous a apporté en donnant sa vie pour nous.

Un psaume plein de sagesse dépeint de manière très évocatrice le caractère illusoire de ces idoles que le monde propose à notre espérance et auxquelles les hommes de tout temps ont été tentés de se confier. C'est le psaume 115 (v. 4-8), qui dit ainsi :

> Leurs idoles, or et argent, une œuvre de main d'homme !
>
> Elles ont une bouche et ne parlent pas, elles ont des yeux et ne voient pas,
>
> elles ont des oreilles et n'entendent pas, elles ont un nez et ne sentent pas.
>
> Leurs mains, mais elles ne touchent point, leurs pieds, mais ils ne marchent point,
>
> de leur gosier, pas un murmure !

Comme elles, seront ceux qui les firent, quiconque met en elles sa foi.

Le psalmiste nous présente, avec une pointe d'ironie, la réalité absolument éphémère de ces idoles. Et nous devons comprendre qu'il ne s'agit pas seulement de représentations faites de métal ou d'autres matériaux, mais aussi de celles que nous construisons dans notre esprit, quand nous nous fions à des réalités limitées que nous transformons en absolu, ou quand nous réduisons Dieu à nos schémas et à notre idée de ce qu'est la divinité ; un dieu qui nous ressemble, compréhensible, prévisible, précisément comme les idoles dont parle le psaume.

Audience générale, salle Paul-VI,
11 janvier 2017.

Nourrir l’espérance par la prière et les choix quotidiens

Lorsque l’étincelle de l’espérance s’est allumée en nous, il y a parfois le risque qu’elle soit étouffée par les préoccupations, les peurs et les fardeaux de la vie quotidienne. Mais une étincelle a besoin d’air pour continuer à briller et se raviver en un grand feu d’espérance. C’est la douce brise du Saint-Esprit qui nourrit l’espérance. Nous pouvons contribuer à l’alimenter de différentes manières.

L’espoir est nourri par la prière. En priant, nous conservons et renouvelons l’espérance. En priant, nous maintenons allumée l’étincelle de l’espérance [...]. Prier, c’est comme prendre de la hauteur : souvent lorsque nous sommes au sol, nous ne voyons pas le soleil parce que le ciel est couvert de nuages. Mais lorsque nous montons au-dessus des nuages, la lumière et la chaleur du soleil nous enveloppent, et nous retrouvons dans cette expérience la certitude que le soleil est toujours présent, même lorsque tout semble gris.

Chers jeunes, lorsque l'épais brouillard de la peur, du doute et de l'oppression vous entoure et que vous ne parvenez plus à voir le soleil, prenez le chemin de la prière. Car « si personne ne m'écoute plus, Dieu m'écoute encore[1] ». Prenons chaque jour le temps de nous reposer en Dieu face aux angoisses qui nous assaillent : « En Dieu seul repose-toi, mon âme, de lui vient mon espoir » (*Ps* 61, 6).

L'espérance est nourrie par nos choix quotidiens. L'invitation à se réjouir dans l'espérance, que saint Paul adresse aux chrétiens de

1. Benoît XVI, Lettre encyclique *Spe Salvi*, n° 32.

Rome (cf. *Rm* 12, 12), exige des choix très concrets dans la vie de tous les jours. Je vous invite donc à choisir un style de vie fondé sur l'espérance. Je vous donne un exemple : sur les réseaux sociaux, il semble plus facile de partager les mauvaises nouvelles que les nouvelles porteuses d'espoir. Je vous fais donc une proposition concrète : essayez de partager chaque jour une parole d'espérance. Devenez des semeurs d'espérance dans la vie de vos amis et de tous ceux qui vous entourent.

Message pour la 38e Journée mondiale de la jeunesse, 26 novembre 2023.

La Mère de l'espérance

Marie a traversé plus d'une nuit sur son chemin de mère. Dès sa première apparition dans l'histoire des Évangiles, Marie se distingue avec la force d'un personnage dramatique. Il n'était pas facile de répondre « oui » à l'invitation de l'ange : pourtant, elle, femme encore dans la fleur de la jeunesse, répond avec courage, bien qu'elle ne sache rien du destin qui l'attend. À cet instant, Marie nous apparaît comme l'une des nombreuses mères de notre monde, courageuses jusqu'à l'extrême lorsqu'il s'agit d'accueillir dans leur sein l'histoire d'un nouvel homme qui naît.

Ce « oui » est le premier pas d'une longue série d'actes d'obéissance qui accompagneront son parcours de mère. Ainsi, Marie apparaît dans les Évangiles comme une femme silencieuse qui, souvent, ne comprend pas tout ce qui se passe autour d'elle, mais qui médite chaque parole et chaque événement dans son cœur.

Cette disposition révèle un très bel aspect de la psychologie de Marie : ce n'est pas une femme qui se laisse abattre par les incertitudes de la vie, en particulier quand rien ne semble aller comme prévu. Elle n'est pas non plus une femme qui proteste avec violence, qui se lamente du destin de la vie qui se révèle souvent hostile. C'est plutôt une femme qui écoute : n'oubliez pas qu'il y a toujours un lien étroit entre l'espérance et l'écoute, et Marie est une femme qui écoute. Marie accueille l'existence telle qu'elle se présente à nous, avec ses jours heureux, mais aussi avec ses tragédies que nous aurions voulu n'avoir jamais rencontrées. Jusqu'à la nuit la plus douloureuse de

Marie, lorsque son Fils est cloué au bois de la croix.

Jusqu'à ce jour, Marie avait presque disparu dans le récit des Évangiles : les saints auteurs laissent entrevoir cette lente éclipse de sa présence, son silence devant le mystère d'un Fils qui obéit au Père. Mais Marie réapparaît précisément au moment crucial : quand la plupart de ses amis se sont enfuis par peur. Les mères ne trahissent pas et, à ce moment-là, au pied de la croix, aucun de nous ne peut dire quelle a été la passion la plus cruelle : celle d'un homme innocent qui meurt sur le supplice de la croix, ou l'agonie d'une mère qui accompagne les derniers instants de la vie de son fils ?

Audience générale, place Saint-Pierre, 10 mai 2017.

Elle « était »

Les Évangiles sont laconiques et extrêmement discrets. Ils rapportent par un simple verbe la présence de la Mère [au pied de la croix] : elle « était » (cf. *Jn* 19, 25). Elle était. Ils ne disent rien de sa réaction : si elle pleurait, si elle ne pleurait pas..., rien ; pas même une esquisse de description de sa douleur : sur ces détails, l'imagination des poètes et des peintres s'est ensuite déchaînée, nous offrant des images qui sont entrées dans l'histoire de l'art et de la littérature. Mais les Évangiles se contentent de dire : « Elle était là. » Elle était là, dans les moments les plus difficiles, les plus cruels, et souffrait avec son fils : « Elle était là. » Marie était simplement là. La voici à nouveau, la jeune femme de Nazareth, les cheveux désormais gris à cause du temps qui passe, toujours aux prises avec un Dieu qui doit être seulement embrassé, et avec une vie qui est arrivée au seuil de l'obscurité la plus totale. Marie « était » dans l'obscurité la plus totale, mais « elle était ». Elle n'est pas partie. Marie est là, fidèlement présente, chaque fois qu'il faut allumer une bougie dans un lieu de brouillard et de brume. Elle ne connaît même pas le destin de Résurrection que son Fils ouvrait à tous les hommes à ce moment-là : elle est là par fidélité au plan de Dieu dont elle s'est proclamée servante le premier jour de sa vocation, mais également en raison de son instinct maternel qui fait simplement souffrir chaque fois qu'un enfant traverse une passion. Les souffrances des mères : nous avons tous connu des femmes fortes, qui ont affronté tant de souffrances de leurs enfants !

Nous la retrouverons au premier jour de l'Église, elle, Mère de l'espérance, au milieu de cette communauté de disciples si fragiles : l'un avait renié, beaucoup avaient fui, tous avaient eu peur (cf. *Ac* 1, 14). Mais elle était simplement là, de la manière la plus normale qui soit, comme si c'était une chose entièrement naturelle : au sein de la première Église baignée par la lumière de la Résurrection, mais encore traversée par les frémissements de ses premiers pas dans le monde.

Audience générale, place Saint-Pierre, 10 mai 2017.

« Avec ce poème, je réveille l'espérance »

Dans la tradition chrétienne du *Triduum* pascal, le Samedi saint est le jour de l'espérance. Entre le Vendredi saint et le Dimanche de Pâques, il est l'intermédiaire entre le désespoir des disciples et leur joie pascale. C'est là que naît l'espérance. Le Samedi saint, l'Église commémore en silence la descente aux enfers du Christ. Nous pouvons le voir représenté sous forme picturale dans de nombreuses icônes. Elles nous montrent le Christ éclatant de lumière qui descend dans les ténèbres les plus profondes et les traverse.

C'est ainsi, Dieu ne se contente pas de regarder avec compassion notre mort ou de nous appeler de loin, Il entre dans notre expérience des enfers comme une lumière qui resplendit dans les ténèbres, et Il en triomphe (cf. *Jn* 1, 5). Un poème en langue sud-africaine xhosa l'exprime bien : « Bien que toute espérance soit perdue, avec ce poème, je réveille l'espérance. Mon espérance est réveillée parce que j'espère dans le Seigneur. J'espère que nous nous retrouverons tous ! Restez forts dans l'espérance, car l'heureuse issue est proche. »

Si nous y réfléchissons bien, telle était l'espérance de la Vierge Marie, qui est restée forte au pied de la croix de Jésus, certaine que « l'heureuse issue » était proche. Marie est la femme de l'espérance, la Mère de l'espérance. Au Calvaire, « espérant contre toute espérance » (*Rm* 4, 18), elle n'a pas laissé s'éteindre dans son cœur la certitude de la Résurrection annoncée par son Fils. C'est elle qui emplit le silence du Samedi saint d'une attente aimante et pleine d'espérance, insufflant aux disciples la certitude que Jésus vaincra la mort et que le mal n'aura pas le dernier mot.

L'espérance chrétienne n'est pas un optimisme facile ni un placebo pour les crédules : elle est la certitude, enracinée dans l'amour et la foi, que Dieu ne nous abandonne jamais et qu'il tient sa promesse : « Passerais-je un ravin de ténèbres, je ne crains aucun mal car tu es près de moi » (*Ps* 23, 4). L'espérance chrétienne n'est pas la négation de la douleur et de la mort, elle est la célébration de l'amour du Christ ressuscité qui est toujours avec nous, même lorsqu'il semble loin. Le Christ lui-même est pour nous la grande lumière de l'espérance et la boussole dans notre nuit[1], car il est « l'étoile radieuse du matin » (*Ap* 22, 16).

Message pour la 38e Journée mondiale de la jeunesse, 26 novembre 2023.

1. Pape François, Exhortation apostolique post-synodale *Christus vivit*, n° 33.

Ne pas céder à la nuit

Ne cède pas à la nuit : souviens-toi que le premier ennemi à vaincre n'est pas à l'extérieur, mais à l'intérieur de toi. Ne laisse donc pas de place aux pensées amères, obscures. Ce monde est le premier miracle que Dieu a accompli, et Dieu nous confie la grâce de prodiges nouveaux. La foi et l'espérance vont de pair. Crois en l'existence des vérités les plus élevées et les plus belles. Aie confiance en Dieu Créateur, en l'Esprit Saint qui conduit tout vers le bien, dans l'étreinte du Christ qui attend chaque homme à la fin de son existence ; crois, Il t'attend. Le monde avance grâce à tant d'hommes qui ont ouvert des brèches, qui ont construit des ponts, qui ont rêvé et cru, même lorsqu'ils entendaient autour d'eux des paroles de dérision.

Ne pense jamais que la lutte que tu mènes ici-bas est inutile. À la fin de l'existence, ce n'est pas le naufrage qui nous attend : en nous frémit une graine d'absolu. Dieu ne déçoit pas : s'il a placé une espérance dans nos cœurs, il ne veut pas qu'elle soit étouffée par des frustrations continuelles. Tout naît pour fleurir dans un printemps éternel. Dieu nous a créés pour nous faire épanouir. Je me souviens de ce dialogue, lorsque le chêne demanda à l'amandier : « Parle-moi de Dieu. » Et que l'amandier a fleuri.

Où que tu sois, construis ! Si tu es à terre, relève-toi ! Ne reste jamais à terre, lève-toi, laisse-toi aider pour te remettre debout. Si tu es assis, mets-toi en chemin ! Si l'ennui te paralyse, chasse-le par des œuvres de bien ! Si tu te sens vide ou démoralisé, demande au Saint-Esprit de remplir à nouveau ton néant.

Accomplis la paix au milieu des hommes, et n'écoute pas la voix de celui qui sème la haine et la division. N'écoute pas ces voix. Les êtres humains, aussi différents soient-ils les uns des autres, ont été créés pour vivre ensemble. Dans les différends, prends patience : un jour, tu découvriras que chacun est dépositaire d'un fragment de vérité.

Aime les gens. Aime les personnes une par une. Respecte le cheminement de chacun, qu'il soit linéaire ou semé d'embûches, car chacun a son histoire à raconter. Et chacun de nous, à sa manière, porte en lui un récit unique. Chaque enfant qui naît est la promesse d'une vie qui, une fois encore, se révèle plus forte que la mort. Chaque amour qui naît est une force de transformation qui aspire au bonheur.

Audience générale, place Saint-Pierre, 20 septembre 2017.

Le smartphone et la lampe torche

Parfois, le soir, vous sortez avec des amis et, lorsqu'il fait nuit, vous allumez la lampe torche de votre smartphone pour vous éclairer. Dans les grands concerts, vous êtes des milliers à agiter, au rythme de la musique, ces lumières modernes, créant ainsi une ambiance singulière. La nuit, la lumière nous fait voir les choses d'une autre manière et, même dans l'obscurité, une certaine beauté se révèle. Il en va de même pour la lumière de l'espérance qu'est le Christ. Grâce à lui, grâce à sa résurrection, notre vie est illuminée. Avec lui, nous voyons tout sous un jour nouveau.

On raconte que lorsque les gens s'adressaient à saint Jean-Paul II pour lui parler d'un problème, sa première question était : « Comment cela apparaît-il à la lumière de la foi ? » Un regard éclairé par l'espérance voit les choses sous un jour différent. Je vous invite donc à adopter ce regard dans votre vie quotidienne. Animé par l'espérance divine, le chrétien est empli d'une joie différente, qui vient de l'intérieur. Les défis et les difficultés existent et existeront toujours, mais si nous sommes habités par une espérance « pleine de foi », nous les affrontons en sachant qu'ils n'auront pas le dernier mot et deviendrons nous-mêmes un petit flambeau d'espérance pour les autres.

Chacun de vous peut l'être, pour autant que votre foi est concrète, conforme à la réalité et aux histoires de vos frères et sœurs. Pensons aux disciples de Jésus qui, un jour, sur une haute montagne, l'ont vu resplendir d'une lumière glorieuse. S'ils étaient restés là-haut, cela aurait été un moment merveilleux pour eux, mais les autres auraient été laissés de côté. Il fallait qu'ils redescendent. Nous ne devons pas fuir le monde, mais aimer notre époque, dans laquelle Dieu nous a placés non sans raison. Nous ne pouvons être heureux qu'en partageant, avec les frères et sœurs que le Seigneur nous donne, jour après jour, la grâce reçue.

Chers jeunes, ne craignez pas de partager avec tous l'espérance et la joie du Christ ressuscité ! Gardez précieusement en vous l'étincelle qui s'est allumée mais, en même temps, donnez-la aux autres : vous verrez qu'elle grandira ! Nous ne pouvons pas garder l'espérance chrétienne pour nous, comme un beau sentiment, parce qu'elle est destinée à tous. Restez particulièrement proches de vos amis qui, même s'ils sourient en apparence, pleurent intérieurement, pauvres en espérance. Ne vous laissez pas contaminer par l'indifférence et l'individualisme : restez ouverts, comme des canaux où l'espérance de Jésus peut circuler et se répandre dans les milieux dans lesquels vous vivez.

Message pour la 38e Journée mondiale de la jeunesse, 26 novembre 2023.

Rachel ne veut pas de consolation

Je voudrais contempler avec vous une figure de femme qui nous parle de l'espérance vécue dans les larmes. Il s'agit de Rachel, la femme de Jacob et la mère de Joseph et Benjamin, celle qui, comme nous le raconte le *Livre de la Genèse*, meurt en donnant naissance à son deuxième fils, c'est-à-dire Benjamin. Pour consoler les Israélites en exil, le prophète Jérémie (*Jr* 31, 15) mentionne Rachel avec des paroles pleines d'émotion et de poésie ; il évoque les pleurs de Rachel mais donne de l'espérance :

> Ainsi parle le Seigneur :
> « À Rama, une voix se fait entendre,

une plainte amère ;
c'est Rachel qui pleure ses fils.
Elle ne veut pas être consolée pour ses fils,
car ils ne sont plus. »

Jérémie décrit dans ces versets une femme de son peuple, la grande matriarche de sa tribu, marquée par la souffrance et les pleurs, mais déjà tournée vers une vie nouvelle, inconnue.

Dans le récit de la *Genèse*, Rachel était morte en couches et avait accepté cette mort pour que son fils puisse vivre, mais le prophète la fait revivre symboliquement à Rama, là où étaient rassemblés les déportés d'Israël. Elle pleure tous ses enfants qui sont comme morts en partant en exil ; des enfants qui, comme elle le dit elle-même, « ne sont plus », ont disparu pour toujours.

Et c'est pourquoi Rachel ne veut pas être consolée. Ce refus exprime la profondeur de sa douleur et l'amertume de ses pleurs.

Devant la tragédie de la perte de ses enfants, une mère ne peut pas accepter de paroles ou de gestes de consolation, qui sont toujours inadéquats, jamais en mesure d'apaiser la douleur d'une blessure qui ne peut et ne veut pas être refermée. Une douleur proportionnelle à l'amour.

Toutes les mères savent cela ; et aujourd'hui encore, nombreuses sont celles qui pleurent, qui ne se résignent pas à la perte d'un enfant, inconsolables face à une mort impossible à accepter. Rachel incarne la douleur des mères de tout lieu et toute époque, et les larmes de chaque être humain qui pleure des pertes incompensables.

Ce refus de Rachel, qui ne veut pas être consolée, nous enseigne également toute la délicatesse dont nous devons faire preuve face à la douleur d'autrui. Pour parler d'espérance à celui qui est désespéré, il faut partager son désespoir ; pour essuyer une larme sur le visage de celui qui souffre, il faut unir nos pleurs aux siens. Ce n'est qu'ainsi que nos paroles peuvent être réellement capables de donner un peu d'espérance.

Audience générale, salle Paul-VI,
4 janvier 2017.

La vie est belle

La jeunesse est une période pleine d'espoirs et de rêves, nourrie par les belles réalités qui enrichissent notre vie : la splendeur de la création, les relations avec nos proches et nos amis, les expériences artistiques et culturelles, les connaissances scientifiques et techniques, les initiatives qui promeuvent la paix, la justice et la fraternité, et de nombreuses autres choses encore.

Nous vivons cependant à une époque où, pour beaucoup, même parmi les jeunes, l'espérance semble être la grande absente. Nombre de vos semblables, qui connaissent la guerre, la violence, le harcèlement et diverses formes de détresses, sont malheureusement en proie au désespoir, à la peur et à la dépression. Ils se sentent comme enfermés dans une prison obscure, incapables de voir la lumière du soleil. Le taux élevé de suicides chez les jeunes dans divers pays en est la terrible preuve.

Dans un tel contexte, comment faire l'expérience de la joie et de l'espérance dont parle saint Paul ? Le risque est plutôt grand que le désespoir prenne le dessus, avec l'idée qu'il est inutile de faire le bien, car personne ne l'apprécierait ni ne le reconnaîtrait, comme nous le lisons dans le *Livre de Job* : « Où donc est mon espoir ? Mon espérance, qui l'entrevoit ? » (*Jb* 17, 15).

Face aux drames de l'humanité, en particulier à la souffrance des innocents, nous aussi, comme nous le demandons dans certains psaumes, demandons au Seigneur : « Pourquoi ? » Eh bien, nous pouvons être une partie de la réponse de

Dieu. Nous, créés par Lui à son image et à sa ressemblance, nous pouvons être une expression de son amour qui fait naître la joie et l'espérance même là où cela semble impossible.

Cela me rappelle le protagoniste du film *La vie est belle*, un jeune père qui, avec délicatesse et imagination, parvient à transformer la dure réalité en une sorte d'aventure et de jeu, offrant ainsi à son fils « des yeux d'espoir », le protégeant des horreurs du camp de concentration, sauvant son innocence et empêchant la méchanceté humaine de lui voler son avenir.

Mais il ne s'agit pas seulement d'histoires inventées !

C'est ce que nous voyons dans la vie de nombreux saints, qui ont été témoins de l'espérance même au milieu des méchancetés humaines les plus cruelles. Pensons à saint Maximilien Marie Kolbe, à sainte Joséphine Bakhita, ou aux époux bienheureux Józef et Wiktoria Ulma avec leurs sept enfants[1].

Message pour la 38e Journée mondiale de la jeunesse, 26 novembre 2023.

1. L'histoire de cette famille, dont les membres ont été béatifiés le 10 septembre 2023, est racontée dans le livre *Uccisero anche i bambini – Gli Ulma, la famiglia martire che aiuto gli Ebrei* aux éditions Ares (en français : *Ils tuèrent aussi les enfants – Les Ulma, la famille martyre qui aida les juifs* – non traduit) de Manuela Tulli et Pawel Rytel Andrianik.

Les saints, témoins et compagnons d'espérance

Le jour de notre baptême, l'invocation des saints a retenti pour nous. À ce moment-là beaucoup d'entre nous étaient enfants, portés dans les bras de nos parents. Juste avant d'accomplir l'onction avec l'huile des catéchumènes, symbole de la force de Dieu dans la lutte contre le mal, le prêtre a invité toute l'assemblée à prier pour ceux qui allaient recevoir le baptême, en invoquant l'intercession des saints.

C'était la première fois où, au cours de notre vie, on nous offrait cette compagnie de frères et sœurs « aînés » – les saints – qui sont passés par la même route que nous, qui ont connu les mêmes difficultés et qui vivent pour toujours dans l'étreinte de Dieu. La *Lettre aux Hébreux* définit cette compagnie qui nous entoure par l'expression « grande nuée de témoins » (12, 1). Tels sont les saints : une multitude de témoins.

Les chrétiens, dans leur combat contre le mal, ne désespèrent pas. Le christianisme cultive une confiance inébranlable : il ne croit pas que les forces négatives et destructrices puissent prévaloir. Le dernier mot sur l'histoire de l'homme n'est pas la haine, ni la mort, ni la guerre. À chaque instant de notre vie, nous sommes assistés par la main de Dieu, ainsi que par la présence discrète de tous les croyants qui « nous ont précédés sous le signe de la foi » (Canon romain). Leur existence nous dit avant tout que la vie chrétienne n'est pas un idéal inaccessible. Et, en même temps, elle nous réconforte : nous ne sommes pas seuls, l'Église est composée d'innombrables frères, souvent anonymes, qui nous ont précédés et qui, par l'action du Saint-Esprit, sont toujours impliqués dans la vie de ceux qui vivent encore ici-bas.

Audience générale, place Saint-Pierre, 21 juin 2017.

Poussière qui aspire au ciel

Et que sommes-nous ? Nous sommes de la poussière qui aspire au ciel. Nos forces sont faibles, mais puissant est le mystère de la grâce qui est présent dans la vie des chrétiens. Nous sommes fidèles à cette terre que Jésus a aimée à chaque instant de sa vie, mais nous savons et voulons espérer en la transfiguration du monde, en son accomplissement définitif où enfin il n'y aura plus de larmes, de méchanceté et de souffrance.

Que le Seigneur nous donne à tous l'espérance d'être saints. Mais certains d'entre vous me demanderont peut-être : « Père, peut-on être saint dans la vie de tous les jours ? » Oui, on le peut. « Mais cela signifie-t-il que nous devons prier toute la journée ? » Non, cela signifie que tu dois faire ton devoir toute la journée : prier, aller au travail, t'occuper de tes enfants. Mais il faut tout faire avec un cœur ouvert à Dieu, afin que le travail, même dans la maladie et la souffrance, même dans la difficulté, soit consacré à Dieu. Et, ainsi, on peut devenir saint. Que le Seigneur nous donne l'espérance d'être saints ! Ne pensons pas qu'il s'agit d'une chose difficile, qu'il est plus facile d'être délinquants que saints ! Non. On peut être saints parce que le Seigneur nous aide ; c'est Lui qui nous aide.

C'est le plus beau cadeau que chacun de nous puisse faire au monde. Que le Seigneur nous donne la grâce de croire si profondément en Lui que nous devenions l'image du Christ pour ce monde. Notre histoire a besoin de « mystiques » : de personnes qui refusent toute domination, qui aspirent à la charité et à la fraternité. Des hommes et des femmes qui vivent en acceptant aussi une part de souffrance, parce qu'ils prennent en charge la fatigue des autres. Mais sans ces hommes et ces femmes, le monde n'aurait pas d'espérance. C'est pourquoi je vous souhaite – et je me le souhaite aussi – que le Seigneur nous donne l'espérance d'être saints.

Audience générale, place Saint-Pierre, 21 juin 2017.

L'espérance, force des martyrs

Quand, dans l'Évangile, Jésus envoie ses disciples en mission, il ne leur fait pas miroiter un succès facile ; au contraire, il les avertit clairement que l'annonce du Royaume de Dieu rencontre toujours de l'opposition. Il utilise même une expression extrême : « Et vous serez haïs de tous à cause de mon nom » (*Mt* 10, 22). Les chrétiens aiment, mais ils ne sont pas toujours aimés. Dès le début, Jésus nous met face à cette réalité : dans une mesure plus ou moins forte, la confession de la foi se fait dans un climat d'hostilité.

Les chrétiens sont donc des hommes et des femmes « à contre-courant ». C'est normal : puisque le monde est marqué par le péché, qui se manifeste sous diverses formes d'égoïsme et d'injustice, ceux qui suivent le Christ marchent dans la direction opposée. Ce n'est pas par esprit de polémique mais par fidélité à la logique du Royaume de Dieu, qui est une logique d'espérance, et qui se traduit par un style de vie fondé sur les enseignements de Jésus.

Et le premier de ces enseignements est la pauvreté. Lorsque Jésus envoie ses disciples en mission, il semble mettre plus de soin à les « dépouiller » qu'à les « habiller » ! En effet, un chrétien qui n'est pas humble et pauvre, détaché des richesses et du pouvoir et surtout détaché de lui-même, ne ressemble pas à Jésus. Le chrétien parcourt son chemin dans ce monde avec le strict nécessaire pour voyager, mais le cœur rempli d'amour. La véritable défaite pour lui ou pour elle est de succomber à la tentation de la vengeance et de la violence, en répondant au mal par le mal. Jésus nous dit : « Je vous envoie comme des brebis au milieu des loups » (*Mt* 10, 16). Donc sans crocs, sans griffes, sans armes. Le chrétien devra plutôt être prudent, parfois même astucieux : ce sont là des vertus que la logique évangélique reconnaît. Mais la violence, jamais. Pour vaincre le mal, on ne peut pas adopter les méthodes du mal.

L'unique force du chrétien est l'Évangile. Dans les temps difficiles, il faut croire que Jésus est devant nous et qu'il ne cesse d'accompagner ses disciples. La persécution n'est pas étrangère à l'Évangile ; elle en est une composante : s'ils ont persécuté notre Maître, comment pouvons-nous espérer que la lutte nous soit épargnée ? Cependant, au milieu de la tourmente, le chrétien ne doit pas perdre l'espérance en pensant qu'il a été abandonné. Jésus rassure les siens en disant : « Vos cheveux même sont tous comptés ! » (*Mt* 10, 30). Comme pour dire qu'aucune des souffrances de l'homme, pas même les plus infimes et les plus cachées, n'est invisible aux yeux de Dieu.

Audience générale, place Saint-Pierre, 28 juin 2017.

Le casque de l'espérance

Lorsque Paul lui écrit, la communauté de Thessalonique vient d'être fondée, et seules quelques années la séparent de la Pâque du Christ. C'est pour cela que l'Apôtre cherche à faire comprendre tous les effets et les conséquences que cet événement unique et décisif, à savoir la Résurrection du Seigneur, implique pour l'histoire et pour la vie de chacun. La difficulté de la communauté ne réside pas tant dans la reconnaissance de la Résurrection de Jésus, car tous y croient, mais dans la foi en la résurrection des morts. Oui, Jésus est ressuscité, mais la difficulté est de croire que les morts ressuscitent eux aussi. Dans ce sens, cette lettre se révèle plus que jamais d'actualité. Chaque fois que nous sommes confrontés à notre mort ou à celle d'un être cher, nous sentons que notre foi est mise à l'épreuve [...].

Face aux craintes et aux doutes de la communauté, Paul invite à garder bien ferme, comme un casque sur la tête, surtout dans les épreuves et les moments les plus difficiles de notre vie, « l'espérance du salut » (I *Th* 5, 8). C'est un casque. Voilà ce qu'est l'espérance chrétienne. Quand on parle d'espérance, on peut être amenés à l'entendre dans son sens commun, c'est-à-dire en référence à quelque chose de beau que nous désirons, mais qui peut se réaliser ou non [...].

L'espérance chrétienne, elle, n'est pas comme cela. L'espérance chrétienne, c'est l'attente de quelque chose qui est déjà accompli ; la porte est là, et j'espère arriver jusqu'à cette porte. Que dois-je faire ? Marcher vers la porte ! Je suis certain que j'y arriverai. Telle est l'espérance chrétienne :

avoir la certitude que je suis en chemin vers quelque chose qui existe déjà, et non un simple désir que cela soit. Telle est l'espérance chrétienne.

L'espérance chrétienne est l'attente d'une chose qui a déjà été accomplie et qui se réalisera certainement pour chacun de nous. Notre résurrection, et celle de nos chers défunts, n'est donc pas une éventualité, mais une réalité certaine, puisqu'elle est fondée sur la Résurrection du Christ. Espérer signifie donc apprendre à vivre dans l'attente. Apprendre à vivre dans l'attente et trouver la vie.

Audience générale, place Saint-Pierre, 1er février 2017.

Les gens du printemps

Nous croyons et savons que la mort et la haine ne sont pas les derniers mots prononcés sur la parabole de l'existence humaine. Être chrétien implique un nouveau regard : un regard plein d'espérance. Certains pensent que la vie concentre tous ses bonheurs dans la jeunesse et le passé, et que vivre n'est qu'un lent déclin. D'autres encore estiment que nos joies ne sont qu'épisodiques et passagères, et que l'absurde est intrinsèque à la vie des hommes. Il y a ceux qui, face à tant de calamités, disent : « Mais la vie n'a pas de sens. Notre chemin, c'est le non-sens. » Mais nous, chrétiens, nous ne croyons pas cela.

Nous croyons, au contraire, qu'à l'horizon

de l'homme brille un soleil éternel. Nous croyons que nos plus beaux jours sont encore à venir. Nous sommes des gens du printemps plus que de l'automne. J'aimerais maintenant poser cette question à chacun d'entre vous – que chacun y réponde dans son cœur, en silence, mais qu'il y réponde : « Suis-je un homme, une femme, un garçon, une fille de printemps ou d'automne ? Mon âme est-elle au printemps ou à l'automne ? » Que chacun réponde en lui-même.

Nous apercevons les bourgeons d'un monde nouveau plutôt que les feuilles jaunies sur les branches. Nous ne nous endormons pas dans la nostalgie, les regrets et les lamentations : nous savons que Dieu nous veut héritiers d'une promesse et infatigables cultivateurs de rêves. N'oubliez pas cette question : « Suis-je une personne du printemps ou de l'automne ? » Du printemps, qui attend la fleur, qui attend le fruit, qui attend le soleil qu'est Jésus ? Ou de l'automne, qui a toujours le regard baissé, amer et, comme je l'ai parfois dit, le visage des piments au vinaigre ?

Le chrétien sait que le Royaume de Dieu, son règne d'amour, croît comme un grand champ de blé, même si l'ivraie pousse au milieu. Les problèmes existent toujours : il y a les commérages, les guerres, les maladies… Mais le blé grandit et, à la fin, le mal sera éliminé. L'avenir ne nous appartient pas, mais nous savons que Jésus-Christ est la plus grande grâce de la vie : c'est l'étreinte de Dieu qui nous attend à la fin, mais qui déjà maintenant nous accompagne et nous console sur le chemin. Il nous conduit vers la grande « demeure de Dieu avec les hommes » (*Ap* 21, 3), avec de nombreux autres frères et sœurs, et nous porterons à Dieu le souvenir des jours vécus ici-bas. Et ce sera beau de découvrir, à cet instant-là, que rien n'a été perdu : ni un sourire, ni une larme.

Audience générale, salle Paul-VI,
23 août 2017.

Espérer contre toute espérance

Le Dieu qui se révèle à Abraham est le Dieu qui sauve, le Dieu qui fait sortir du désespoir et de la mort, le Dieu qui appelle à la vie. Dans l'histoire d'Abraham, tout devient un hymne au Dieu qui libère et régénère, tout devient prophétie. Et cette prophétie vaut pour nous, nous qui aujourd'hui reconnaissons et célébrons son accomplissement dans le mystère de la Pâque. En effet, Dieu « ressuscita d'entre les morts Jésus notre Seigneur » (*Rm* 4, 24), afin que nous aussi, en Lui, nous passions de la mort à la vie. Ainsi, Abraham peut véritablement être appelé « père d'une multitude de peuples », car il brille comme l'annonce d'une humanité nouvelle – nous ! –, rachetée par le Christ du péché et de la mort, et introduite une fois pour toutes dans l'étreinte de l'amour de Dieu.

Saint Paul nous aide à mieux comprendre le lien étroit entre la foi et l'espérance lorsqu'il affirme qu'Abraham crut, « espérant contre toute espérance » (*Rm* 4, 18). Notre espérance ne repose pas sur des raisonnements, des prévisions ou des assurances humaines ; elle se manifeste précisément là où il n'y a plus d'espoir, là où il n'y a plus rien en quoi espérer ; exactement comme pour Abraham, face à la perspective de sa mort prochaine et à la stérilité de son épouse Sara. La fin approchait pour eux, ils ne pouvaient pas avoir d'enfants et, dans cette situation, Abraham crut et espéra contre toute espérance. Et c'est grand !

La grande espérance prend racine dans la foi, et c'est précisément pour cela qu'elle peut aller au-delà de toute espérance humaine. Oui, car elle ne repose pas sur notre parole, mais sur la Parole de Dieu. En ce sens, nous sommes appelés à suivre l'exemple d'Abraham, qui, même devant l'évidence d'une réalité semblant vouée à la mort, se fie à Dieu, « certain que tout ce que Dieu a promis, Il est assez puissant ensuite pour l'accomplir » (*Rm* 4, 21).

Audience générale, place Saint-Pierre, 29 mars 2017.

Faire l'univers nouveau

L'espérance chrétienne repose sur la foi en Dieu qui crée sans cesse du nouveau dans la vie de l'homme, qui crée du nouveau dans l'histoire, qui crée du nouveau dans le cosmos. Notre Dieu est le Dieu qui crée du nouveau, car il est le Dieu des surprises.

Il n'est pas chrétien de marcher le regard toujours baissé – comme le font les porcs – sans lever les yeux vers l'horizon. Comme si tout notre chemin s'arrêtait là, dans un périmètre restreint; comme si notre vie n'avait ni but ni aboutissement, et que nous étions condamnés à une errance éternelle, sans raison valable pour justifier tant d'efforts. Ce n'est pas chrétien.

Les dernières pages de la Bible nous montrent l'horizon ultime du cheminement du croyant : la Jérusalem du Ciel, la Jérusalem céleste. Elle est d'abord décrite comme une immense tente où Dieu accueillera tous les hommes pour demeurer avec eux à jamais (cf. *Ap* 21, 3). Et telle est notre espérance.

Et que fera Dieu lorsque nous serons enfin avec Lui ? Il fera preuve d'une infinie tendresse à notre égard, comme un père qui accueille ses enfants après de longues peines et de grandes souffrances. Jean, dans l'*Apocalypse* (21, 3-5), prophétise : « Voici la demeure de Dieu avec les hommes. [...] Il essuiera toute larme de leurs yeux : de mort, il n'y en aura plus ; de pleur, de cri et de peine, il n'y en aura plus, car l'ancien monde s'en est allé. [...] Voici, je fais l'univers nouveau ! » Le Dieu du renouveau !

Essayez de méditer ce passage de la Sainte Écriture non pas de manière abstraite, mais après avoir lu un article sur l'actualité, après avoir regardé le journal télévisé ou lu la une des journaux, où l'on trouve tant de tragédies, où l'on rapporte de tristes nouvelles auxquelles nous risquons tous de nous habituer. Essayez de penser aux visages des enfants effrayés par la guerre, aux pleurs des mères, aux rêves brisés de tant de jeunes, aux réfugiés qui affrontent des voyages terribles et sont souvent exploités [...]. La vie, malheureusement, c'est aussi cela. Parfois, on pourrait même dire que c'est surtout cela. Peut-être.

Mais il y a un Père qui pleure avec nous ; un Père qui verse des larmes d'infinie compassion pour ses enfants. Nous avons un Père qui sait pleurer, qui pleure avec nous. Un Père qui nous attend pour nous consoler, parce qu'Il connaît nos souffrances et qu'Il a préparé pour nous un avenir différent. Telle est la grande vision de l’espérance chrétienne qui embrasse tous les jours de notre existence et qui veut nous soulager.

Audience générale, salle Paul-VI,
23 août 2017.

Une lumière dans les ténèbres

Jésus nous a remis une lumière qui brille dans les ténèbres : défends-la, protège-la. Cette unique lumière est la plus grande richesse confiée à ta vie. Et, surtout, rêve !

Ne crains pas de rêver. Rêve ! Rêve un monde qui n'est pas encore visible, mais qui viendra assurément. L'espérance nous conduit à croire en l'existence d'une création qui s'étendra jusqu'à son accomplissement définitif, lorsque Dieu sera tout en tous. Les hommes capables d'imagination ont offert à l'humanité des découvertes scientifiques et technologiques. Ils ont sillonné les océans, parcouru des terres que personne n'avait encore foulées. Les hommes qui ont cultivé l'espérance sont aussi ceux qui ont vaincu l'esclavage et apporté de meilleures conditions de vie sur cette terre. Pense à ces hommes.

Sois responsable de ce monde et de la vie de chaque être humain. Sache que toute injustice commise contre un pauvre est une blessure ouverte, et qu'elle diminue ta propre dignité. La vie ne s'arrête pas avec ton existence : d'autres générations viendront après la nôtre, et bien d'autres encore.

Et, chaque jour, demande à Dieu le don du courage. Souviens-toi que Jésus a vaincu la peur pour nous. Oui, il a vaincu la peur ! Notre ennemie la plus perfide ne peut rien contre la foi. Et, lorsque tu te sentiras effrayé face à une difficulté de la vie, rappelle-toi que tu ne vis pas seulement pour toi-même. Par le baptême, ta vie est déjà plongée dans le mystère de la Trinité et tu appartiens à Jésus. Et si un jour la peur te saisit, ou si tu penses que le mal est trop grand pour être combattu, pense simplement que Jésus vit en toi. Et c'est Lui qui, à travers toi, veut soumettre par la douceur tous les ennemis de l'homme : le péché, la haine, le crime, la violence ; tous nos ennemis.

Aie toujours le courage de la vérité, mais rappelle-toi : tu n'es supérieur à personne. Et si tu étais le dernier à croire en la vérité, ne te détourne pas pour autant de la compagnie des hommes. Même si tu devais vivre dans le silence d'un ermitage, porte dans ton cœur les souffrances de toute créature. Tu es chrétien ; et, dans la prière, tu remets tout à Dieu.

Et cultive des idéaux. Vis pour quelque chose qui dépasse l'homme. Et si un jour ces idéaux te demandaient un prix élevé à payer, ne cesse jamais de les porter dans ton cœur. La fidélité obtient tout.

Audience générale, place Saint-Pierre, 20 septembre 2017.

À la jeunesse

Homélies et discours du Pape François lors de son voyage apostolique en Pologne à l'occasion de la XXXIe Journée Mondiale de la Jeunesse (27-31 juillet 2016)

ÉQUATEURS

Pape François

De la tendresse

ÉQUATEURS

Pape François

De la compassion

ÉLOGE
DE L'ACCUEIL
ET DE L'HOSPITALITÉ

Introduction de
Michael Czerny, S. J.

ÉQUATEURS

Pape François

Louée soit la lecture

LETTRE SUR LE RÔLE
DE LA LITTÉRATURE
DANS LA FORMATION

Préface de William Marx
Professeur au Collège de France

ÉQUATEURS

Pape François

La foi est un voyage

MÉDITATIONS POUR
LES VOYAGEURS ET
LES PÈLERINS

Préface de Charles Wright

ÉQUATEURS

Pape François

Prières à Marie

ÉQUATEURS

Reproduit et achevé d'imprimer
par Normandie Roto Impression s.a.s.
en novembre 2025.
Numéro d'imprimeur : 2505091
Imprimé en France.